L'APPARITIO[N]

DE LA

TRÈS SAINTE VIERGE

Sur la Montagne de la Salette

LE 19 SEPTEMBRE 1846

Publiée par la BERGÈRE de la Salette
avec Imprimatur de Mgr. l'ÉVÊQUE de LECCE

« Eh bien ! mes enfants, vous le
ferez passer à tout mon peuple. »

Prix : 0 f. 75, franco 0 f. 80
Réduction remise par quantité

1930

Imprimerie Notre-Dame de la Salette
Méricourt-l'Abbé par Ribemont-sur-Ancre
(Somme)

AF321349

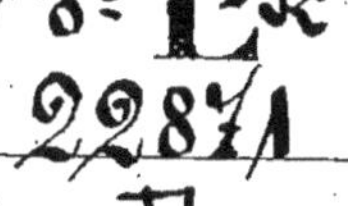
8° L K 22871 II

L'APPARITION

DE LA

TRÈS SAINTE VIERGE

Sur la Montagne de la Salette

LE 19 SEPTEMBRE 1846

Publiée par la BERGÈRE de la Salette
avec Imprimatur de Mgr. l'ÉVÊQUE de LECCE

« Eh bien ! mes enfants, vous le
ferez passer à tout mon peuple »

(Ce qui précède constituait le titre de la brochure publiée, *ne varietnr*, en 1904 par Mélanie Calvat, bergère de la Salette, brochure imprimée chez Tagand, 45 rue Mercière à Lyon, et en vente, au prix de 0 fr. 30 c. à la librairie Vic et Amat, à Paris, et chez Stéphane Guillard, à Lyon. Au dos de cette page figurait la mention : *« Tous droits réservés »*

1930

Imprimerie Notre-Dame de la Salette
Méricourt-l'Abbé par Ribemont-sur-Ancre
(Somme)

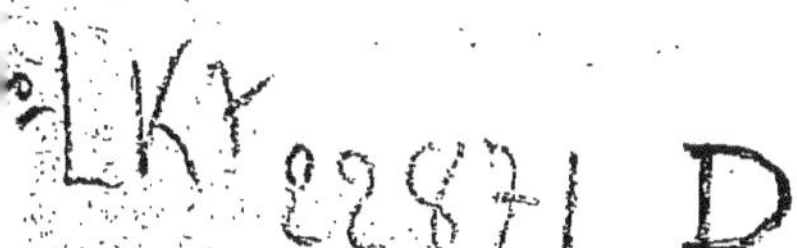

LKY 22871 D

« Eh bien, mes enfants, vous le ferez passer à tout mon peuple. »

J'obéis à la très sainte Vierge Mère de Dieu, et Mère de tous les croyants

Je soumets cette publication au jugement du saint Siège Apostolique, et je déclare condamné à l'avance tout ce qu'il y trouverait de contraire à la Doctrine Catholique.

Mélanie Calvat, Bergère de La Salette.

Ces deux clichés sont extraits de l'Edition de Lyon 1904.
A la fin de cette réimpression figuraient les mentions :
Nihil obstat ; imprimatur
Datum Lyciï ex Curria Ep¹⁴ die 15 nov. 1879
Vicarius Generalis
Carmelus Archu⁻ Cosma

Puis, en tête de l'édition de 1906, la note de l'Editeur qui suit ;
Cette édition est la reproduction exacte de celle de Lecce, paruc en 1879, que Mélanie avait fait réimprimer à Lyon en 1904. Elle est aussi la copie exacte d'une autographie tirée à un nombre restreint d'exemplaires par un membre du Clergé, sous l'inspiration de la Bergère de la Salette.
Nous avons adopté pour le Secret la méthode de numération de paragaphes employée par M. Amédée NICOLAS.

L'APPARITION

DE LA

TRÈS SAINTE VIERGE

SUR LA MONTAGNE DE LA SALETTE

Le 19 septembre 1846

I.

Le 18 septembre, veille de la sainte Apparition de la Sainte Vierge, j'étais seule, comme à mon ordinaire, à garder les quatre vaches de mes maîtres. Vers les 11 heures du matin, je vis venir auprès de moi un petit garçon. A cette vue, je m'effrayai, parce qu'il me semblait que tout le monde devait savoir que je fuyais toutes sortes de compagnies. Cet enfant s'approcha de moi et me dit : « Petite, je viens avec toi, je suis aussi de Corps. » A ces paroles, mon mauvais naturel se fit bientôt voir, et, faisant quelques pas en arrière, je lui dis : « Je ne veux personne, je veux rester seule. » Puis, je m'éloignais, mais cet enfant me suivait en me disant : « Va, laisse-moi avec toi, mon maître m'a dit de venir garder mes vaches avec les tiennes ; je suis de Corps. »

Moi je m'éloignai de lui, en lui faisant signe que je ne voulais personne et après m'être éloignée je m'assis sur le gazon. Là, je faisais ma conversation, avec les petites fleurs du Bon Dieu.

Un moment après, je regarde derrière moi, et je trouve Maximin assis tout près de moi. Il me dit aussitôt : « Garde-moi, je serai bien sage. » Mais mon mauvais naturel n'entendait pas raison. Je me relève avec précipitation, et je m'enfuis un peu plus loin sans rien lui dire, et je me remis à jouer avec les fleurs du Bon Dieu. Un instant après, Maximin était encore là à me dire qu'il serait bien sage, qu'il ne parlerait pas, qu'il s'ennuierait d'être tout seul, et que son Maître l'envoyait auprès de moi, etc... Cette fois, j'en eus pitié, je lui fis signe de s'asseoir, et moi, je continuai avec les petites fleurs du Bon Dieu.

Maximin ne tarda pas à rompre le silence, il se mit à rire (je crois qu'il se moquait de moi) ; je le regarde, et il me dit : « Amusons-nous, faisons un jeu. » Je ne lui répondis rien, car j'étais si ignorante que je ne comprenais rien au jeu avec une autre personne, ayant toujours été seule. Je m'amusais seule avec les fleurs, et Maximin, s'approchant tout-à-fait de moi, ne faisait que rire en me disant que les fleurs n'avaient pas d'oreilles pour m'entendre, et que nous devions jouer ensemble. Mais je n'avais aucune inclination pour le jeu qu'il me disait de faire. Cependant je me mis à lui parler, et il me dit que les dix jours qu'il devait passer avec son maître allaient bientôt finir, et qu'ensuite il s'en irait à Corps chez son père, etc...

Tandis qu'il me parlait, la cloche de la Salette se fit entendre, c'était l'Angelus ; je fis signe à Maximin d'élever son âme à Dieu. Il se découvrit la tête et garda un moment le silence. Ensuite, je lui dis : « Veux-tu dîner ? — Oui, me dit-il. Allons » Nous nous assîmes ; je sortis de mon sac les provisions que m'avaient données mes maîtres, et, selon mon habitude, avant d'entamer mon petit pain rond avec la pointe de mon couteau je fis une croix sur mon pain, et au milieu un tout petit trou, en disant : « Si le diable y est, qu'il en sorte, et si le Bon Dieu y est, qu'il y reste, » et vite, vite, je recouvris le petit trou. Maximin partit d'un grand éclat de rire, et donna un coup de pied à mon pain, qui s'échappa de mes mains, roula jusqu'au bas de la montagne et se perdit.

J'avais un autre morceau de pain, nous le mangeâmes ensemble ; ensuite nous fîmes un jeu ; puis comprenant que Maximin devait avoir besoin de manger, je lui indiquai un endroit de la montagne couvert de petits fruits. Je l'engageai à aller en manger, ce qu'il fit aussitôt ; il en mangea et en rapporta plein son chapeau. Le soir, nous descendîmes ensemble de la montagne, et nous nous promîmes de revenir garder nos vaches ensemble.

Le lendemain, 19 septembre, je me retrouve en chemin avec Maximin ; nous gravissons ensemble la montagne. Je trouvais que Maximin était très bon très simple et que volontiers il parlait de ce dont je voulais parler ; il était aussi très souple, ne tenant pas à son sentiment ; il était seulement un peu curieux, car quand je m'éloignais de lui, dès qu'il me voyait arrêtée, il accourait vite pour voir ce que je faisais et entendre ce que je disais avec les fleurs du Bon Dieu ; et s'il n'arrivait pas à temps, il me demandait ce que j'avais dit. Maximin me dit de lui apprendre un jeu. La matinée était déjà avancée : je lui dis de ramasser des fleurs pour faire le « Paradis ».

Nous nous mîmes tous les deux à l'ouvrage ; nous eûmes bientôt une quantité de fleurs de diverses couleurs. L'Angelus du village se fit entendre, car le ciel était beau, il n'y avait pas de nuages. Après avoir dit au Bon Dieu ce que nous savions, je dis à Maximin que nous devions conduire nos vaches sur un un petit plateau près du petit ravin, ou il y aurait des pierres pour bâtir le « Paradis ». Nous conduisîmes nos vaches au lieu désigné, et ensuite nous prîmes notre petit repas ; puis nous nous mîmes à porter des pierres et à construire notre petite maison, qui consistait en un rez-de-chaussée, qui soi-disant était notre habitation, puis un étage au-dessus qui était selon nous le « Paradis ».

Cet étage était tout garni de fleurs de différentes couleurs, avec des couronnes suspendues par des tiges de fleurs. Ce « Paradis » était couvert par une seule et large pierre que nous avions recouverte de fleurs ; nous avions aussi suspendu des couronnes tout autour. Le « Paradis » terminé, nous le regardions; le sommeil nous vint ; nous nous éloignâmes de là à environ deux pas, et nous nous endormîmes sur le gazon.

La Belle Dame s'assied sur notre « Paradis » sans le faire crouler.

II.

M'étant réveillée, et ne voyant pas nos vaches, j'appelai Maximin et je gravis le petit monticule. De là, ayant vu que nos vaches étaient couchées tranquillement, je redescendais et Maximin montait, quant tout à coup je vis une belle lumière, plus brillante que le soleil, et à peine ai-je pu dire ces paroles : « Maximin, vois-tu, là-bas ! Ah ! mon Dieu ! » En même temps je laisse tomber « le bâton que j'avais en main. Je ne sais ce qui se passait en moi de délicieux dans ce moment, mais je me sentais attirer, je me sentais un grand respect plein d'amour, et mon cœur aurait voulu courir plus vite que moi.

Je regardais bien fortement cette lumière qui était immobile, et comme si elle se fût ouverte, j'aperçus une autre lumière bien plus brillante et qui était en mouvement, et dans cette lumière une très belle Dame assise sur notre « Paradis », ayant la tête dans ses mains. Cette belle Dame s'est levée, elle a croisé médiocrement ses bras en nous regardant et nous a dit : « *Avancez, mes enfantss, n'ayez pas peur ; je suis ici pour vous annoncer une grande nouvelle.* » Ces douces et suaves paroles me firent voler jusqu'à elle, et mon cœur aurait voulu se coller à elle pour toujours. Arrivée bien près de la belle Dame, devant elle, à sa droite, elle commence le discours, et des larmes commencent aussi à couler de ses beaux yeux :

« *Si mon peuple ne veut pas se soumettre, je suis forcée de laisser aller la* « *main de mon Fils. Elle est si lourde et si pesante, que je ne puis plus la retenir.*

« *Depuis le temps que je souffre pour vous autres! Si je veux que mon Fils ne* « *vous abandonne pas, je suis chargée de le prier sans cesse. Et pour vous autres,* « *vous n'en faites pas cas. Vous aurez beau prier, beau faire, jamais vous ne pour-* « *rez récompenser la peine que j'ai prise pour vous autres.*

« *Je vous ai donné six jours pour travailler, je me suis réservé le septième,* « *on ne veut pas me l'accorder. C'est ce qui appesantit tant le bras de mon Fils.* « *Ceux qui conduisent les charrettes, ne savent pas parler sans y mettre le Nom* « *de mon Fils au milieu. Ce sont les deux choses qui appesantissent tant le bras de* « *mon fils.*

« *Si la récolte se gâte, ce n'est qu'à cause de vous autres.*

« *Je vous l'ai fait voir l'année passée par les pommes de terre ; vous n'en avez* « *pas fait cas ; c'est au contraire, quand vous en trouviez de gâtées, vous juriez et* « *vous mettiez le Nom de mon Fils. Elles vont continuer à se gâter, à la Noel il* « *n'y en aura plus.* »

Ici je cherchais à interpréter la parole : *pommes de terre* ; je croyais comprendre que cela signifiait pommes. La belle et bonne Dame devinant ma pensée reprit ainsi :

« *Vous ne comprenez pas mes enfants ? Je vais vous le dire autrement.* »

La traduction en français est celle-ci :

« *Si la récolte se gâte, ce n'est rien que pour vous autres ; je vous l'ai fait voir* « *l'année passée par les pommes de terre, et vous n'en avez pas fait cas ; c'était au* « *contraire, quand vous en trouviez de gâtées, vous juriez, et vous mettiez le Nom de* « *mon Fils. Elles vont continuer à se gâter, et à la Noel il n'y en aura plus.*

« *Si vous avez du blé il ne faut pas le semer.*

« *Tout ce que vous sémerez, les bêtes le mangeront ; et ce qui viendra, tombera* « *en poussière quand vous le battrez. Il viendra une grande famine. Avant que la* « *famine vienne, les petits enfants au-dessous de sept ans prendront un tremble-* « *ment et mourront entre les mains des personnes qui les tiendront ; les autres fe-* « *ront pénitence par la faim. Les noix deviendront mauvaises ; les raisins pour-* « *riront.* »

Ici la belle Dame qui me ravissait, resta un moment sans se faire entendre; je voyais cependant qu'elle continuait, comme si elle parlait, de remuer gracieusement ses aimables lèvres. Maximin recevait alors son Secret. Puis, s'adressant à moi, la Très Sainte Virge me parla et me donna un Secret en français. Ce Secrét, le voici tout entier, et tel qu'elle me l'a donné :

III.

1 — « *Mélanie, ce que je vais vous dire maintenant, ne sera pas toujours* « *secret vous pourrez le publier en 1858.*

§ 2 — « *Les prêtres, ministres de mon Fils, les prêtres, par leur mauvaise* « *vie, par leurs irrévérences et leur impiété à célébrer les saints mystères, par* « *l'amour de l'argent, l'amour de l'honneur et des plaisirs, les prêtres sont devenus* « *des cloaques d'impureté. Oui, les prêtres demandent vengeance, et la vengeance* « *est suspendue sur leurs têtes. Malheur aus prêtres et aux personnes consacrées à* « *Dieu lesquelles, par leurs infidélités et leur mauvaise vie crucifient de nouveau* « *mon Fils. Les pechés des personnes consacrées à Dieu crient vers le Ciel et appel-* « *lent la vengeance, et voilà que la vengeance est à leurs portes, car il ne se trou-* « *ve personne pour implorer miséricorde et pardon pour le peuple ; il n'y a plus* « *d'âmes généreuses, il n'y a plus personne digne d'offrir la Victime sans tâche à* « *l'Eternel en faveur du monde.*

§ 3 — « *Dieu va frapper d'une manière sans exemple.*

§ 4 — « *Malheur aux habitants de la terre ! Dieu va épuiser sa colère, et per-*
« *sonne ne pourra se soustraire à tant de maux réunis.*»

§ 5 — « *Les chefs, les conducteurs du peuple de Dieu ont négligé la prière*
« *et la pénitence, et le démon a obscurci leurs intelligences ; ils sont devenus ces*
« *étoiles errantes que le vieux diable traînera avec sa queue pour les faire périr.*
« *Dieu permettra au vieux serpent de mettre des divisions parmi les régnants,*
« *dans toutes les sociétés et dans toutes les familles on souffrira des peines physi-*
« *ques et morales ; Dieu abandonnera les hommes à eux-mêmes, et enverra des châ-*
« *timents qui se succèderont pendant plus de trente-cinq ans.*

§ 6. — « *La Société est à la veille des fléaux les plus terribles et des plus grands*
« *événements ; on doit s'attendre à être gouverné par une verge de fer et à boire le*
« *calice de la colère de Dieu.*

§ 7. — « *Que le Vicaire de mon Fils, le Souverain Pontife Pie IX, ne sorte*
« *plus de Rome après l'année 1859 ; mais qu'il soit ferme et généreux, qu'il com-*
« *batte avec les armes de la foi et de l'amour ; je serai avec lui.*

§ 8. — « *Qu'il se méfie de Napoléon ; son cœur est double, et quand il voudra*
» *être à la fois Pape et empereur, bientôt Dieu se retirera de lui : il est cet aigle qui,*
« *voulant toujours s'élever, tombera sur l'épée dont il voulait se servir pour obliger*
« *les peuples à se faire élever.*

§ 9. — « *L'Italie sera punie de son ambition en voulant secouer le joug du*
« *Seigneur des Seigneurs ; aussi elle sera livrée à la guerre ; le sang coulera de*
« *tous côtés ; les Eglises seront fermées ou profanées ; les prêtres, les religieux seront*
« *chassés ; on les fera mourir, et mourir d'une mort cruelle. Plusieurs abandonne-*
« *ront la foi, et le nombre des prêtres et des religieux qui se sépareront de la vraie*
« *religion sera grand ; parmi ces personnes, il se trouvera même des Evêques.*

§ 10 — « *Que le Pape se tienne en garde contre les faiseurs de miracles, car*
« *le temps est venu que les prodiges les plus étonnants auront lieu sur la terre*
« *et dans les airs.*

§ 11. — « *En l'an 1864, Lucifer avec un grand nombre de démons seront*
« *détachés de l'enfer : ils aboliront la foi peu à peu et même dans les personnes con-*
« *sacrées à Dieu : ils les aveugleront d'une telle manière, qu'à moins d'une grâce*
« *particulière ces personnes prendront l'esprit de ces mauvais anges : plusieurs*
« *maisons religieuses perdront entièrement la foi et perdront beaucoup d'âmes.*

§ 12 — « *Les mauvais livres abonderont sur la terre et les esprits de ténèbres*
« *répandront partout un relâchement universel pour tout ce qui regarde le service*
« *de Dieu ; ils auront un très grand pouvoir sur la nature : il y aura des églises pour*
« *servir ces esprits. Des personnes seront transportées d'un lieu à un autre par ces*
« *esprits mauvais et même des prêtres, parcequ'ils ne se seront pas conduits par le*
« *bon esprit de l'Evangile, qui est un esprit d'humilité, de charité et de zèle pour la*
« *gloire de Dieu. On fera ressusciter des morts et des justes* c'est-à-dire que ces
morts prendront la figure des âmes justes qui avaient vécu sur la terre,
afin de mieux séduire les hommes ; ces soi-disant morts ressuscités qui ne
seront autre chose que le démon sous ces figures, prêcheront un autre Evangile
contraire à celui du vrai Christ-Jésus, niant l'existence du Ciel, soit encore les
âmes des damnés. Toutes ces âmes paraîtront comme unies à leurs corps. « *Il*
« *y aura en tous lieux des prodiges extraordinaires, parce que la vraie foi s'est é-*
« *teinte et que la fausse lumière éclaire le monde. Malheur aux Princes de l'Eglise*
« *qui ne seront occupés qu'à entasser richesses sur richesses, qu'à sauvegarder leur*
« *autorité et à dominer avec orgueil !*

§ 13. — « *Le Vicaire de mon Fils aura beaucoup à souffrir, parce que pour*
« *un temps l'Eglise sera livrée à de grandes persécutions : ce sera le temps des té-*
« *nèbres ; l'Eglise aura une crise affreuse.*

§ 14. — « *La sainte foi de Dieu étant oubliée, chaque individu, voudra se gui-*
« *der par lui-même et être supérieur à ses semblables. On abolira les pouvoirs civils*
« *et ecclésiastiques, tout ordre et toute justice seront foulés aux pieds ; on ne verra*
« *qu'homicides, haine, jalousie, mensonge et discorde, sans amour pour la patrie,*
« *ni pour la famille..*

§ 15. — « *Le Saint-Père souffrira beaucoup. Je serai avec lui jusqu'à la fin*
« *pour recevoir son sacrifice.*

§ 16. — « *Les méchants attenteront plusieurs fois à sa vie sans pouvoir nuire*
« *à ses jours mais ni lui ni son successeur..., ne verront le triomphe de l'Eglise*
« *de Dieu.*

§ 17. — « *Les gouvernants civils auront tous un même dessein qui sera d'abo-*
« *lir et de faire disparaître tout principe religieux, pour faire place au matéria-*
« *lisme, à l'athéisme, au spiritisme et à toutes sortes de vices.*

§ 18. — « *Dans l'année 1865, on verra l'abomination dans les lieux saints ;*
dans les couvents, les fleurs de l'Eglise seront putréfiées et le démon se rendra com-
« *me le roi des cœurs. Que ceux qui sont à la tête des communautés religieuses se*
« *tiennent en garde pour les personnes qu'ils doivent recevoir, parce que le démon*
« *usera de toute sa malice pour introduire dans les ordres religieux des personnes*
« *adonnées au péché, car les désordres et l'amour des plaisirs charnels seront ré-*
« *pandus par toute la terre.*

§ 19 .— « *La France, l'Italie, l'Espagne et l'Angleterre seront en guerre ; le*
« *sang coulera dans les rues ; le Français se battra avec le Français, l'Italien avec*
« *l'Italien ; ensuite il y aura une guerre générale qui sera épouvantable. Pour un*
« *temps, Dieu ne se souviendra plus de la France ni de l'Italie, parce que l'Evan-*
« *gile de Jésus-Christ n'est plus connu. Les méchants déploieront toute leur malice ;*
« *on se tuera, on se massacrera mutuellement jusque dans les maisons.*

§ 20. — « *Au premier coup de son épée foudroyante, les montagnes et la na-*
« *ture entière trembleront d'épouvante, parce que les désordres et les crimes des hom-*
« *mes percent la voûte des cieux. Paris sera brûlé et Marseille englouti ; plusieurs*
« *grandes villes seront ébranlées et englouties par des tremblements de terre : on*
« *croira que tout est perdu ; on ne verra qu'homicides, on n'entendra que bruits*
« *d'armes et que blasphêmes. Les justes souffriront beaucoup ; leurs prières, leur*
« *pénitence et leurs larmes monteront jusqu'au Ciel, et tout le peuple de Dieu de-*
« *mandera pardon et miséricorde, et demandera mon aide et mon intercession. Alors*
« *Jésus-Christ, par un acte de sa justice et de sa grande miséricorde pour les justes,*
« *commandera à ses anges que tous ses ennemis soient mis à mort. Tout à coup les*
« *persécuteurs de l'Eglise de Jésus-Christ et tous les hommes adonnés au péché pé-*
« *riront, et la terre deviendra comme un désert. Alors se fera la paix, la réconcilia-*
« *tion de Dieu avec les hommes ; Jésus-Christ sera servi, adoré et glorifié ; la cha-*
« *rité fleurira partout. Les nouveaux rois seront le bras droit de la Sainte Eglise,*
« *qui sera forte, humble pieuse, pauvre, zélée et imitatrice des vertus de Jésus-*
« *Christ. L'Evangile sera prêché partout, et les hommes feront de grands progrès*
« *dans la foi, parce qu'il y aura unité parmi les ouvriers de Jésus-Christ, et que les*
« *hommes vivront dans la crainte de Dieu.*

§ 21. — « *Cette paix parmi les hommes ne sera pas longue : vingt-cinq ans*
« *d'abondantes récoltes leur feront oublier que les péchés des hommes sont cause de*
« *toutes les peines qui arrivent sur la terre.*

§ 22. — « *Un avant-coureur de l'antechrist, avec ses troupes de plusieurs na-*
« *tions, combattra contre le vrai Christ, le seul Sauveur du monde ; il répandra*
« *beaucoup de sang, et voudra anéantir le culte de Dieu pour se faire regarder com-*
« *me un Dieu.*

§ 23. — « *La terre sera frappée de toutes sortes de plaies outre la peste et la*
famine qui seront générales ; il y aura des guerres jusqu'à la dernière guerre, qui
« *sera alors faite par les dix rois de l'antechrist, lesquels rois auront tous un même*

« dessein et seront les seuls qui gouverneront le monde. Avant que ceci arrive, il y
« aura une espèce de fausse paix dans le monde ; on ne pensera qu'à se divertir ;
« les méchants se livreront à toutes sortes de péchés ; mais les enfants de la Sainte
« Eglise, les enfants de la foi, mes vrais imitateurs, croîtront dans l'amour de Dieu
« et dans les vertus qui me sont les plus chères. Heureuses les âmes humbles condui-
« tes par l'Esprit-Saint ! Je combattrai avec elles jusqu'à ce qu'elles arrivent à la
« plénitude de l'âge.

§ 24. — « La nature demande vengeance pour les hommes, et elle frémit d'épou-
« vante dans l'attente de ce qui doit arriver à la terre souillée de crimes.

§ 25. — « Tremblez terre, et vous qui faites profession de servir Jésus-Christ
« et qui au dedans vous adorez vous-mêmes, tremblez ; car Dieu va vous livrer à
« son ennemi, parce que les lieux saints sont dans la corruption ; beaucoup de cou-
« vents ne sont plus les maisons de Dieu, mais les pâturages d'Asmodée et des siens.

§ 26. — « Ce sera pendant ce temps que naîtra l'antechrist, d'une religieuse
« hébraïque, d'une fausse vierge qui aura eu communication avec le vieux serpent,
« le maître de l'impureté ; son père sera Ev.; en naissant il aura des dents ; en un
« mot ce sera le diable incarné ; il poussera des cris effrayants, il fera des prodiges,
« il ne se nourrira que d'impuretés. Il aura des frères qui, quoiqu'ils ne soient pas
« comme lui des démons incarnés, seront des enfants du mal ; à 12 ans, ils se feront
« remarquer par leurs vaillantes victoires qu'ils remporteront ; bientôt, ils seront
« chacun à la tête des armées, assistés par des légions de l'enfer.

§ 27. — « Les saisons seront changées, la terre ne produira que de mauvais
« fruits, les astres perdront leurs mouvements réguliers, la lune ne reflétera qu'une
« faible lumière rougeâtre ; l'eau et le feu donneront au globe de la terre des mouve-
« ments convulsifs et d'horribles tremblements de terre, qui feront engloutir des
« montagnes, des villes, [etc.]

§ 28. — « Rome perdra la foi et deviendra le siége de l'antechrist.

§ 29 — « Les démons de l'air avec l'antechrist feront de grands prodiges sur
« la terre et dans les airs, et les hommes se pervertiront de plus en plus. Dieu aura
« soin de ses fidèles serviteurs et des hommes de bonne volonté ; l'Evangile sera prê-
« ché partout, tous les peuples et toutes les nations auront connaissance de la vérité.

§ 30. — « J'adresse un pressant appel à la terre : j'appelle les vrais disciples
« du Dieu vivant et régnant dans les cieux ; j'appelle les vrais imitateurs du Christ
« fait homme, le seul et vrai Sauveur des hommes ; j'appelle mes enfants, mes vrais
« dévots, ceux qui se sont donnés à moi pour que je les conduise à mon divin Fils,
« ceux que je porte pour ainsi dire dans mes bras, ceux qui ont vécu de mon esprit ;
« enfin j'appelle les Apôtres des derniers temps, les fidèles disciples de Jésus-Christ
« qui ont vécu dans un mépris du monde et d'eux-mêmes, dans la pauvreté et l'hu-
« milité, dans le mépris et dans le silence, dans l'oraison et dans la mortification,
« dans la chasteté et dans l'union avec Dieu, dans la souffrance et inconnus du mon-
« de. Il est temps qu'ils sortent et viennent éclairer la terre. Allez, et montrez-vous
« comme mes enfants chéris ; je suis avec vous et en vous, pourvu que votre foi soit
« la lumière qui vous éclaire dans ces jours de malheurs. Que votre zèle vous rende
« comme des affamés pour la gloire et l'honneur de Jésus-Christ. Combattez, enfants
« de lumière, vous le petit nombre qui y voyez ; car voici le temps des temps, la fin
« des fins.

§ 31. — « L'Eglise sera éclipsée, le monde sera dans la consternation. Mais
« voilà Enoch et Elie remplis de l'esprit de Dieu ; ils prêcheront avec la force de
« Dieu, et les hommes de bonne volonté croiront en Dieu, et beaucoup d'âmes seront
« consolées ; ils feront de grands progrès par la vertu du Saint-Esprit et condamne-
« ront les erreurs diaboliques de l'antechrist.

§ 32. — « Malheur aux habitants de la terre ! il y aura des guerres sanglan-
« tes et des famines ; des pestes et des maladies contagieuses ; il y aura des pluies
« d'une grêle effroyable d'animaux ; des tonnerres qui ébranleront des villes ; des

« *tremblements de terre qui engloutiront des pays ; on entendra des voix dans les*
« *airs ; les hommes se battront la tête contre les murailles ; ils appelleront la mort, et*
« *d'un autre côté la mort fera leur supplice ; le sang coulera de tous côtés. Qui pour-*
« *ra vaincre, si Dieu ne diminue le temps de l'épreuve ? Par le sang, les larmes et*
« *les prières des justes, Dieu se laissera fléchir ; Enoch et Elie seront mis à mort ;*
« *Rome payenne disparaîtra ; le feu du Ciel tombera et consumera trois villes ;*
« *tout l'univers sera frappé de terreur, et beaucoup se laisseront séduire parce que*
« *ils n'ont pas adoré le vrai Christ vivant parmi eux. Il est temps ; le soleil s'obscur-*
« *cit ; la foi seule vivra.*

§ 33. — « *Voici le temps ; l'abîme s'ouvre. Voici le roi des rois des ténèbres*
« *Voici la bête avec ses sujets, se disant le sauveur du monde. Il s'élévera avec or-*
« *gueil dans les airs pour aller jusqu'au ciel ; il sera étouffé par le souffle de saint*
« *Michel Archange. Il tombera et la terre, qui, depuis trois jours sera en de conti-*
« *nuelles évolutions, ouvrira son sein plein de feu ; il sera plongé pour jamais avec*
« *tous les siens dans les gouffres éternels de l'enfer. Alors l'eau et le feu purifieront*
« *la terre et consumeront toutes les œuvres de l'orgueil des hommes, et tout sera re-*
« *nouvelé : Dieu sera servi et glorifié.* »

IV.

Ensuite la Sainte Vierge me donna, aussi en français, la Règle d'un nouvel Ordre religieux.

Après m'avoir donné la Règle de ce nouvel Ordre religieux, la Sainte
Vierge reprit ainsi la suite du Discours :

« *S'ils se convertissent, les pierres et les rochers se changeront en blé, et les*
« *pommes de terre se trouveront ensemencées par les terres.*

« *Faites-vous bien votre prière, mes enfants ?* »

Nous répondîmes tous les deux :

« Oh ! non, Madame, pas beaucoup. »

« *Ah ! mes enfants, il faut bien la faire, soir et matin. Quand vous ne pour-*
« *rez pas mieux faire, dites un Pater et un Ave Maria ; et quand vous aurez le*
« *temps et que vous pourrez mieux faire, vous en direz davantage.*

« *Il ne va que quelques femmes un peu âgées à la Messe ; les autres travail-*
« *lent tout l'été le Dimanche ; et l'hiver, quand ils ne savent que faire, ils ne vont à*
« *la Messe que pour se moquer de la religion. Le carême, ils vont à la boucherie com-*
« *me les chiens.*

« *N'avez-vous pas vu du blé gâté, mes enfants ?* »

Tous les deux nous avons répondu : « Oh ! non, Madame. »

La Sainte Vierge s'adressant à Maximin : « *Mais toi, mon enfant, tu dois*
« *bien en avoir vu une fois vers le Coin, avec ton père. L'homme de la pièce dit à*
« *ton père : Venez voir comme mon blé se gâte. Vous y allâtes. Ton père prit deux*
« *ou trois épis dans sa main, il les frotta, et ils tombèrent en poussière. Puis, en*
« *vous en retournant, quand vous n'étiez plus qu'à une demi-heure de Corps, ton*
« *père te donna un morceau de pain en te disant : Tiens mon enfant, mange cette*
« *année, car je ne sais pas qui mangera l'année prochaine, si le blé se gâte comme*
« *cela.* »

Maximin répondit : « C'est bien vrai, Madame, je ne me le rappelais pas.

La Très Sainte Vierge a terminé son discours en français : «*Eh ! bien*
« *mes enfants, vous le ferez passer à tout mon peuple.* »

La très belle Dame traversa le ruisseau ; et à deux pas du ruisseau, sans
se retourner vers nous qui la suivions (parce qu'elle attirait à elle par son éclat
et plus encore par sa bonté qui m'enivrait, qui semblait me faire fondre le
cœur), elle nous a dit encore :

« *Eh-bien ! mes enfants, vous le ferez passer à tout mon peuple.* »

Puis elle a continué de marcher jusqu'à l'endroit ou j'étais montée pour regarder où étaient nos vaches. Ses pieds ne touchaient que le bout de l'herbe sans la faire plier. Arrivée sur la petite hauteur, la belle Dame s'arrêta, et vite je me plaçai devant elle, pour bien, bien la regarder, et tâcher de savoir quel chemin elle inclinait le plus à prendre ; car c'était fait de moi, j'avais oublié et mes vaches et les maîtres chez lesquels j'étais en service ; je m'étais attachée pour toujours et sans condition à *Ma* Dame ; oui, je voulais ne plus jamais, jamais la quitter ; je la suivais sans arrière-pensée, et dans la disposition de la servir tant que je vivrai.

Avec *Ma* Dame je croyais avoir oublié le paradis ; je n'avais plus que la pensée de bien la servir en tout ; et je croyais que j'aurais pu faire tout ce qu'Elle m'aurait dit de faire, car il me semblait qu'Elle avait beaucoup de pouvoir. Elle me regardait avec une tendre bonté qui m'attirait à Elle ; j'aurais voulu, avec les yeux fermés, m'élancer dans ses bras. Elle ne m'a pas donné le temps de le faire. Elle s'est élevée insensiblement de terre à une hauteur d'environ un mètre et plus ; et restant ainsi suspendue en l'air un tout petit instant, Ma belle Dame regarda le ciel, puis la terre à sa droite et à sa gauche, puis Elle me regarda avec des yeux si doux, si aimables et si bons, que je croyais qu'Elle m'attirait dans son intérieur, et il me semblait que mon cœur s'ouvrait au sien.

Et tandis que mon cœur se fondait en une douce dilatation, la belle figure de Ma Bonne Dame disparaissait peu à peu : il me semblait que la lumière en mouvement se multipliait ou bien se condensait autour de la Très Sainte Vierge, pour m'empêcher de la voir plus longtemps. Ainsi la lumière prenait la place des parties du corps qui disparaissaient à mes yeux ; ou bien il semblait que le corps de Ma Dame se changeait en lumière en se fondant. Ainsi la lumière en forme de globe s'élevait doucement en direction droite.

Je ne puis pas dire si le volume de lumière diminuait à mesure qu'elle s'élevait, ou bien si c'était l'éloignement qui faisait que je voyais diminuer la lumière à mesure qu'elle s'élevait ; ce que je sais, c'est que je suis restée la tête levée et les yeux fixés sur la lumière, même après que cette lumière, qui allait toujours s'éloignant et diminuant de volume, eût fini par disparaître.

Mes yeux se détachent du firmament, je regarde autour de moi, je vois Maximin qui me regardait, je lui dis : « Mémin, cela doit être le bon Dieu de mon père, ou la Sainte Vierge, ou quelque grande Sainte. » Et Maximin lançant la main en l'air, il dit : « Ah ! si je l'avais su ! »

V.

Le soir du 19 septembre, nous nous retirâmes un peu plus tôt qu'à l'ordinaire. Arrivée chez mes maîtres, je m'occupais à attacher mes vaches et à mettre tout en ordre dans l'écurie. Je n'avais pas terminé, que ma maîtresse vint à moi en pleurant et me dit : « Pourquoi, mon enfant, ne venez-vous pas me dire ce qui vous est arrivé sur la montagne ? » (Maximin n'ayant pas trouvé ses maîtres, qui n'étaient pas encore retirés de leurs travaux, était venu chez les miens, et avait raconté tout ce qu'il avait vu et entendu). Je lui répondis « Je voulais bien vous le dire, mais je voulais finir mon ouvrage auparavant. » Un moment après, je me rendis dans la maison, et ma maîtresse me dit : « Racontez ce que vous avez vu ; le herger de Bruite (c'était le surnom de Pierre Selme, maître de Maximin) m'a tout raconté. »

Je commence, et vers la moitié du récit mes maîtres arrivèrent de leurs champs ; ma maîtresse qui pleurait en entendant les plaintes et les menaces de notre tendre Mère, dit : « Ah ! vous vouliez aller ramasser le blé demain : gardez-vous en bien, venez entendre ce qui est arrivé aujourd'hui à cette enfant et au berger de Selme. » Et se tournant vers moi, elle dit : « Recommencez tout ce que vous m'avez dit .» Je recommence ; et lorsque j'eus terminé, mon **Maître** dit : « C'est la Sainte Vierge, ou bien une grande sainte, qui est venue de la part du bon Dieu ; mais c'est comme si le bon Dieu était venu lui-même : il faut faire tout ce que cette Sainte a dit. Comment allez-vous faire pour dire cela à tout son peuple ? » Je lui répondis : « Vous me direz comment je dois faire et je le ferai. » Ensuite il ajouta en regardant sa mère, sa femme et son frère : « Il faut y penser. » Pais chacun se retira à ses affaires.

C'était après le souper, Maximin et ses maîtres vinrent chez les miens pour raconter ce que Maximim leur avait dit, et pour savoir ce qu'il y aurait à faire : « Car, dirent-ils, il nous semble que c'est la Sainte Vierge qui a été envoyé, par le bon Dieu ; les paroles qu'Elle a dites le font croire. Et Elle leur a dit de le faire passer à tout son peuple ; il faudra peut-être que ces enfants parcourent le monde entier pour faire connaître qu'il faut que tout le monde observe les commandements du bon Dieu, sinon de grands malheurs vont arriver sur nous. » Après un moment de silence, mon Maître dit, en s'adressant à Maximin et à moi : « Savez-vous ce que vous devez faire, mes enfants ? Demain, levez vous de bon matin, allez tous les deux à Monsieur le Curé, et racontez-lui tou-ce que vous avez vu et entendu ; dites lui bien comment la chose s'est passée : il vous dira ce que vous avez à faire. »

Le 2o septembre, lendemain de l'apparition, je partis de bonne **heure** avec Maximin. Arrivés à la cure, je frappe à la porte. La domestique de Monsieur le Curé vint ouvrir, et demanda ce que nous voulions. Je lui dis (en français, moi qui ne l'avais jamais parlé) : « Nous voudrions parler à Monsieur le Curé. » — « Et que voulez-vous lui dire ? » nous demanda-t-elle. — « Nous voulons lui dire. Mademoiselle, qu'hier nous sommes allés garder nos vaches sur la montagne des Baisses. et après avoir dîné. etc. etc. » Nous lui racontâmes une bonne partie du discours de la Très Sainte Vierge. Alors la cloche de l'Eglise sonna ; c'était le dernier coup de la Messe. Monsieur l'abbé Perrin, curé de la Salette, qui nous avait entendus, ouvrit sa porte avec fracas ; il pleurait ; il se frappait la poitrîne ; il nous dit : « Mes enfants, nous sommes perdus, le bon Dieu va nous punir. Ah ! mon Dieu, c'est la Sainte Vierge qui vous est apparue ! » Et il partit pour dire la Sainte Messe. Nous nous regardâmes avec Maximin et la domestique ; puis Maximin me dit : « Moi, je m'en vais chez mon père, à Corps. » Et nous nous séparâmes.

N'ayant pas reçu d'ordre de mes Maîtres de me retirer aussitôt après avoir parlé à Monsieur le Curé, je crus ne pas faire mal en assistant à la Messe. Je fus donc à l'Eglise. La Messe commence. et, après le premier Evangile, Monsieur le Curé se tourne vers le peuple, et essaie de raconter à ses paroissiens l'apparition qui venait d'avoir lieu la veille, sur une de leurs montagnes, et les exhorte à ne plus travailler le dimanche : sa voix était entrecoupée par des sanglots, et tout le peuple était ému. Après la Sainte Messe, je me retirai chez mes Maîtres. Monsieur Peytard, qui est encore aujourd'hui Maire de la Salette, y vint m'interroger sur le fait de l'apparition ; et après s'être assuré de la vérité de ce que je lui disais, il se retira convaincu.

Je continuai de rester au service de mes Maîtres jusqu'à la fête de **la** Toussaint. Ensuite je fus mise comme pensionnaire chez les religieuses de l Providence, dans mon pays, à Corps.

VI.

La Très Sainte Vierge était très grande et bien proportionnée ; elle pa raissait être si légère qu'avec un souffle on l'aurait fait remuer, cependant **elle** était immobile et bien posée. Sa physionomie était majestueuse, imposante, mais non imposante comme le sont les Seigneurs d'ici-bas. Elle imposait une rainte respectueuse. En même temps que Sa Majesté imposait du respect mêlé d'amour, Elle attirait à Elle. Son regard était doux et pénétrant ; ses yeux semblaient parler avec les miens, mais la conversation venait d'un profond et vif sentiment d'amour envers cette beauté ravissante qui me liquéfiait. La douceur de son regard, son air de bonté incompréhensible faisait comprendre et sentir qu'elle attirait à elle et voulait se donner ; c'était une expression d'amour qui ne peut pas s'exprimer avec la langue de chair ni avec les lettres de l'alphabet.

Le vêtement de la Très Sainte Vierge était blanc argenté et tout brillant ; il n'avait *rien de matériel* : il était composé de lumière et de gloire, variant et scintillant. Sur la terre il n'y a pas d'expression ni de comparaison à donner.

La Sainte Vierge était toute belle et toute formée d'amour ; en la regardant je languissais de me fondre en elle. Dans ses tours, comme dans sa personne, tout respirait la majesté, la splendeur, la magnificence d'une Reine incomparable. Elle paraissait belle, blanche, immaculée, cristallisée, éblouissante, céleste, fraîche, neuve comme une Vierge ; il semblait que la parole *Amour*, s'échappait de ses lèvres argentées et toutes pures. Elle me paraissait comme une bonne Mère, pleine de bonté, d'amabilité, d'amour pour nous, de compassion, de miséricorde.

La couronne de roses qu'elle avait sur la tête était si belle, si brillante qu'on ne peut pas s'en faire une idée : les roses de diverses couleurs n'étaient pas de la terre ; c'était une réunion de fleurs qui entouraient la tête de la Très Sainte Vierge en forme de couronne ; mais les roses se changeaient ou se remplaçaient ; puis du cœur de chaque rose il sortait une si belle lumière, qu'elle ravissait, et rendait les roses d'une beauté éclatante. De la couronne de roses s'élevaient comme des branches d'or, et une quantité d'autres petites fleurs mêlées avec des brillants.

Le tout formait un très beau diadème, qui brillait tout seul plus que notre soleil de la terre .

La Sainte Vierge avait une très jolie Croix suspendue à son cou. Cette Croix paraissait être dorée, je dis *dorée* pour ne pas dire une plaque d'or ; car j'ai vu quelquefois des objets dorés avec diverses nuances d'or, ce qui faisait à mes yeux un bien plus bel effet qu'une simple plaque d'or. Sur cette belle Croix toute brillante de lumière était un Christ, était Notre-Seigneur, les bras étendus sur la Croix. Presque aux deux extrémités de la Croix, d'un côté il y avait un marteau, de l'autre côté une tenaille. Le Christ était couleur de chair naturelle ; mais il brillait d'un grand éclat ; et la lumière qui sortait de tout son corps paraissait comme des dards très brillants, qui me fendaient le cœur du désir de me fondre en lui. Quelquefois le Christ paraissait être mort ; il avait la tête penchée, et le corps était comme affaissé, comme pour tomber, s'il n'avait pas été retenu par les clous qui le retenaient à la Croix.

J'en avais une vive compassion, et j'aurais voulu redire au monde entier son amour inconnu, et infiltrer dans les âmes des mortels l'amour le plus senti et la reconnaissance la plus vive envers un Dieu qui n'avait nullement besoin de nous pour être ce qu'Il est, ce qu'Il était et ce qu'Il sera toujours ; et pourtant, ô amour incompréhensible à l'homme ! Il s'est fait homme, et Il a voulu mourir, oui mourir, pour mieux écrire dans nos âmes et dans notre mémoire l'amour Fou qu'Il a pour nous ! Oh ! que je suis malheureuse de me trouver si pauvre en expression pour redire l'amour, oui, l'amour de notre bon Sauveur pour nous ! mais d'un autre côté, que nous sommes heureux de pouvoir sentir mieux ce que nous ne pouvons exprimer !

D'autres fois le Christ semblait vivant ; Il avait la tête droite, les yeux ouverts, et paraissait être sur la Croix par sa propre volonté. Quelquefois aussi il paraissait parler : Il semblait vouloir montrer qu'Il était en Croix pour nous, par amour pour nous, pour nous attirer à son amour, qu'Il a toujours un amour nouveau pour nous, que son amour du commencement et de l'année 33 est toujours celui d'aujourd'hui et qu'il sera toujours.

La Sainte Vierge pleurait presque tout le temps qu'Elle me parla. Ses larmes coulaient une à une lentement jusque vers ses genoux ; puis comme des étincelles de lumière, elles disparaissaient. Elles étaient brillantes et pleines d'amour. J'aurais voulu la consoler, et qu'Elle ne pleurât plus. Mais il me semblait qu'Elle avait besoin de montrer ses larmes pour mieux montrer son amour oublié par les hommes. J'aurais voulu me jeter dans ses bras et lui dire : Ma bonne Mère, ne pleurez pas ! je veux vous aimer pour tous les hommes de la terre. Mais il me semblait qu'Elle me disait : « Il y en a tant qui ne me connaissent pas ! »

J'étais entre la mort et la vie, en voyant d'un côté tant d'amour, tant de désir d'être aimée, et d'un autre côté tant de froideur, tant d'indifférence... Oh ! ma Mère, Mère toute belle et toute aimable, mon amour, cœur de mon cœur !...

Les larmes de notre tendre Mère, loin d'amoindrir son air de Majesté de Reine et de Maîtresse, semblaient au contraire l'embellir, la rendre plus aimable, plus belle, plus puissante, plus remplie d'amour, plus maternelle, plus ravissante ; et j'aurais mangé ses larmes, qui faisaient sauter mon cœur de compassion et d'amour. Voir pleurer une Mère, et une telle Mère, sans prendre tous les moyens imaginables pour la consoler, pour changer ses douleurs en joie, cela se comprend-il ! O Mère plus que bonne ! Vous avez été formée de toutes les prérogatives dont Dieu est capable ; vous avez comme épuisé la puissance de Dieu; vous êtes bonne et puis bonne de la bonté de Dieu même ; Dieu s'est agrandi en vous formant son chef-d'œuvre terrestre et céleste.

La Très Sainte Vierge avait un tablier jaune. Que dis-je, jaune ? Elle avait un tablier plus brillant que plusieurs soleils ensemble. Ce n'était pas une étoffe matérielle, c'était un composé de gloire, et cette gloire était scintillante et d'une beauté ravissante. Tout en la Très Sainte Vierge me portait *fortement* et me faisait comme glisser à adorer et à aimer mon Jésus dans tous les états de sa vie mortelle.

La Très Sainte Vierge avait deux chaînes, l'une un peu plus large que l'autre. A la plus étroite était suspendue la Croix dont j'ai fait mention plus haut. Ces chaînes (puisqu'il faut donner le nom de chaînes) étaient comme des rayons de gloire d'un grand éclat variant et scintillant.

Les souliers (puisque souliers il faut dire) étaient blancs, mais un blanc argenté, brillant ; il y avait des roses autour. Ces roses étaient d'une beauté éblouissante et du cœur de chaque rose sortait une flamme de lumière très belle et très agréable à voir. Sur les souliers il y avait une boucle en or, non en or de la terre, mais bien de l'or du paradis.

La vue de la Très Sainte Vierge était elle-même un paradis accompli. Elle avait en Elle tout ce qui pouvait satisfaire, car la terre était oubliée.

La Sainte Vierge était entourée de deux lumières. La première lumière, plus près de la Très Sainte Vierge, arrivait jusqu'à nous ; elle brillait d'un éclat très beau et scintillant. La seconde lumière s'étendait un peu plus autour de la Belle Dame, et nous nous trouvions dans celle-là ; elle était immobile (c'est-à-dire qu'elle ne scintillait pas), mais bien plus brillante que notre pauvre soleil de la terre. Toutes ces lumières ne faisaient pas mal aux yeux, et ne fatiguaient nullement la vue.

Outre toutes ces lumières, toute cette splendeur, il sortait encore des groupes ou faisceaux de lumières ou des rayons de lumières, du Corps de la Sainte Vierge, de ses habits et de partout.

La voix de la Belle Dame était douce ; elle enchantait, ravissait, faisait du bien au cœur ; elle rassasiait, aplanissait tous les obstacles, calmait, adoucissait. Il me semblait que j'aurais toujours voulu manger de sa belle voix, et mon cœur semblait danser ou vouloir aller à sa rencontre pour se liquéfier en elle.

Les yeux de la Très Sainte Vierge, notre tendre Mère, ne peuvent pas se décrire par une langue humaine. Pour en parler, il faudrait un séraphin ; il faudrait plus, il faudrait le langage de Dieu même, de ce Dieu qui a formé la Vierge Immaculée, chef-d'œuvre de sa Toute-Puissance.

Les yeux de l'auguste Marie paraissaient mille et mille fois plus beaux que les brillants, les diamants et les pierres précieuses les plus recherchées ; ils brillaient comme deux soleils ; ils étaient doux de la douceur même, clairs comme un miroir. Dans ses yeux on voyait le paradis ; ils attiraient à Elle ; il semblait qu'Elle voulait se donner et attirer. Plus je la regardais, plus je la voulais voir plus je la voyais, plus je l'aimais, et je l'aimais de toutes mes forces.

Les yeux de la belle Immaculée étaient comme la porte de Dieu, d'où l'on voyait tout ce qui peut enivrer l'âme. Quand mes yeux se rencontraient avec ceux de la Mère Dieu et la mienne, j'éprouvais, au dedans de moi-même une heureuse révolution d'amour et de protestation de l'aimer et de me fondre d'amour.

En nous regardant, nos yeux se parlaient à leur mode, et je l'aimais tant, que j'aurais voulu l'embrasser dans le milieu de ses yeux qui attendrissaient mon âme, et semblaient l'attirer et la faire fondre avec la sienne. Ses yeux me plantèrent un doux tremblement dans tout mon être ; et je craignis de faire le moindre mouvement qui pût lui être désagréable tant soit peu.

Cette seule vue des yeux de la plus pure des Vierges aurait suffi pour être le Ciel d'un bienheureux ; aurait suffi pour faire entrer une âme dans la plénitude des volontés du Très-Haut parmi tous les événements qui arrivent dans le cours de la vie mortelle ; aurait suffi pour faire faire à cette âme de continuels actes de louange, de remerciement, de réparation, et d'expiation. Cette seule vue concentre l'âme en Dieu et la rend comme une morte-vivante, ne regardant toutes les choses de la terre, même les choses paraissent les plus sérieuses, que comme des amusements d'enfants ; elle ne voudrait entendre parler que de Dieu et de ce qui touche à sa Gloire. Le péché est le seul mal qu'Elle voit sur la terre, Elle en mourrait de douleur si Dieu ne la soutenait. Amen.

Castellamare, le 21 Novembre 1878.

MARIE *de la Croix, Victime de Jésus,*
née MÉLANIE CALVAT, *Bergère de la Salette.*

Nihil obstat : imprimatur,
Datum Lycii ex Curia Ep^u die 15 Nov. 879.

Vicarius Generalis
CARMELUS Archus COSMA

LETTRE de S. G. Mgr Sauveur-Louis ZOLA

ÉVÊQUE DE LECCE

A l'Abbé Isidore ROUBAUD, à Saint-Tropez (Var)

Vescovado
DI
LECCE.

Lecce, le 24 Mai 1880

Monsieur le Curé,

Je déplore vivement l'opposition que la France fait maintemnant au céleste Message de la Salette .Nous sommes déjà à la veille des châtiments terribles dont nous a menacés la Mère de Dieu, à cause de nos prévarications, et cependant nous préférons repousser les avertissements d'une Mère si tendre et si miséricordieuse, plutôt que de profiter de ses leçons, seul acte de notre part qui pourrait diminuer l'intensité des fléaux dont nous menace la colère Divine. Je reconnais en cela l'œuvre de notre vieil ennemi, qui a le plus grand intérêt à exploiter tout moyen, surtout auprès des ministres de Dieu, *ut videntes non videant et intelligentes non intelligent.*

Votre pieuse croyance et votre dévotion filiale à Notre-Dame de la Salette vous engagent à me demander beaucoup de choses et de renseignements au sujet du Secret de Mélanie ; aussi me vois-je dans l'embarras en voulant vous satisfaire par une simple lettre.

Toutefois, je m'efforcerai de me conformer à vos désirs autant qu'il me sera possible.

Ce ne fut que le 3 juillet 1851, que Mélanie écrivit elle-même son secret, pour la première fois au Couvent de la Providence, à Corenc, par ordre de Mgr. de Bruillard, évêque de Grenoble, et en présence de M. Dausse, Ingénieur en chef des ponts et chaussées et de M. Taxis, chanoine de la Cathédrale de Grenoble. Mélanie remplit trois grandes pages d'un seul trait, sans rien dire, sans rien demander. Elle signe sans relire, plie son secret, et le met dans une enveloppe. Elle met ainsi l'adresse :

« A Sa Sainteté Pie IX à Rome ».

Le lendemain 4 juillet, le Secret est recopié par Mélanie elle-même, à l'Evêché de Grenoble, dans le but de bien distinguer deux dates des événements qui ne doivent pas arriver à la même époque. Mélanie n'ayant mis la première fois qu'une date seule, craignait que, pour ce motif, le Pape ne comprit pas bien et qu'il y eut par conséquent équivoque.

Le 18 juillet, M. Gérin, curé de la Cathédrale de Grenoble, et M. Rousselot, vicaire-général honoraire, deux saints prêtres d'un âge avancé et très respectables à tous égards, remettaient à Sa Sainteté Pie IX les lettres de Mgr de Grenoble et celles de Maximin et de Mélanie renfermant leurs Secrets.

Mélanie n'a pas envoyé à Sa Sainteté Pie IX tout le secret qu'elle a publié dernièrement, mais seulement tout ce que la Sainte Vierge lui inspira sur l'heure d'écrire de cet important document, et en outre bien des choses qui pouvaient concerner Pie IX personnellement. Toutefois par suite d'informations que je vous donne *comme très précises*, je sais que les reproches adressés au clergé et aux communautés religieuses étaient contenus *identiquement* dans la partie du Secret donnée à Sa Sainteté Pie IX.

L'heureuse bergère de la Salette communiqua plus tard à diverses personnes quelques autres parties du Secret, lorsqu'elle jugeait que le moment opportun pour les publier était arrivé. Mais la publication du secret tout entier n'a été faite que dans la brochure écrite par Mélanie elle-même et imprimée à Lecce, en 1879, sur la demande et aux frais d'une pieuse personne.

En 1860, à Marseille, un des directeurs de Mélanie obtint un manuscrit du Secret ; il me fut remis à moi-même en 1869, lorsque j'étais le directeur spirituel de Mélanie par ordre de Mgr Petagna, évêque de Castellamare de Stabia. Le 30 janvier 1870, Mélanie livra entre les mains de M. l'abbé Félicien Bliard ce même document, avec sa déclaration d'authenticité et sa signature. mais avec de petites réticences indiquées par de points et par des etc...., remplaçant ainsi les parties du Secret qu'elle ne jugeait pas devoir eencore dévoiler. La partie concernant les prêtres et les religieux, presque entière, y était à sa place; M. l'abbé F. Bliard en adressa de Nice une copie, le 24 février 1870, certifiée conforme, au R. P. Séménenko, consulteur de l'Index à Rome et supérieur du Séminaire polonais. Il fit de même pour plusieurs dignitaires de l'Eglise. Cependant le Secret de la bergère de la Salette s'était répandu déjà partout, en manuscrit, surtout parmi les communautés religieuses et parmi le clergé.

En 1873, M. l'abbé F. Bliard publia ce document, tel qu'il l'avait reçu de Mélanie en 1870, avec ses savants commentaires, dans une brochure intitulée : *« Lettres à un ami sur le Secret de la bergére de la Salette »*. Cette brochure parut à Naples avec l'approbation, donnée le 30 avril 1873, par la curie de Son Eminence le cardinal Xyste-Riario Sforza, archevêque de Naples ; je puis certifier moi-même l'authenticité de cette approbation, et aussi l'authenticité de la lettre que j'adressai à M. l'abbé F. Bliard, en date du 1er mai 1873, après ma promotion à l'évêché de Ugento, lettre qui fut imprimée à la première page de la dite brochure.

M. C.-R. Girard, savant directeur de la *Terre-Sainte* à Grenoble, tenant de M. Bliard le secret de Mélanie, le publia dès 1872 dans son livre intitulé : *« Les Secrets de la Salette et leur importance »*. Cette brochure n'était que le premier de cinq bien importants opuscules qui ont paru plus tard, et qui sont destinés, par le même auteur, à justifier et à confirmer les révélations de la Salette, ainsi qu'à les défendre des attaques de ses ennemis. Ces ouvrages de M. Girard ont été honorés de l'agrément et de la bénédiction de Sa Sainteté Pie IX et des encouragements de plusieurs théologiens et évêques catholiques. L'*Avenir dévoilé*, dans son supplément, contenait aussi le Message à peu près conforme à celui publié par M. F. Bliard.

Je vous dirai encore que pendant plusieurs années, étant l'abbé des Chanoines réguliers de Latran à Sainte-Marie de Piedigrotta à Naples, en ma qualité de supérieur de cet ordre, j'eus l'occasion d'entretenir des relations avec de très respectables prélats et princes de l'Eglise romaine. Ils étaient assez bien informés à l'égard de Mélanie et de son Secret, ils avaient reçu presque tous ce document. Eh ! bien tous., pas un seul excepté, portèrent un jugement toutà-fait favorable à cette divine révélation et à l'authenticité du secret. Je me borne à vous citer entre autres : Mgr. Petagna, évêque de Castellamare de Stabia, qui tenait sous sa tutelle, depuis quelques années, la bonne bergère de la Salette ; Mgr Mariano Ricciardi, archevêque de Sorento ; Son Eminence le cardinal Guidi ; Son Eminence le cardinal Xyste-Riario Sforza, archevêque de Naples... Ces saints et vénérables pasteurs m'ont parlé toujours de façon à me confirmer profondément dans ma croyance, devenue désormais inébranlable à la divinité des révélations renfermées dans le Secret de la bergère de la Salette. Je tiens aussi *de source certaine* que notre Saint Père Léon XIII a également. reçu ce même document *tout entier*.

Je n'oublie pas, mon cher Monsieur le Curé, que le Secret contient des vérités bien dures à l'adresse du Clergé et des communautés religieuses. On se sent le cœur bien oppressé et l'âme toute terrifiée quand on aborde de telles révélations. Si je l'osais, je demanderais à Notre-Dame pourquoi elle n'a pas enjoint de les ensevelir dans un éternel silence. Mais poserons-nous des questions à Celle qui est appelé le Trône de la Sagesse ? Profiter de ses leçons, voilà toute notre tâche.

Cependant, les plaintes de notre très-miséricordieuse Mère, et les reproches adressés aux pasteurs et aux ministres de l'autel ne sont pas sans raison ;
et ce n'est pas la première fois que le Ciel adresse au clergé de semblables reproches destinés à devenir publics. Nous en trouvons dans les Psaumes, dans
Jérémie, dans Ezéchiel, dans Isaïe, dans Michée, etc... dans les œuvres des
Pères et des docteurs de l'Eglise, dans les sermons des évêques et des auteurs
sacrés, dans plusieurs révélations qui ont été faites en ces derniers temps à des
saints et à des saintes ; dans les lettres de sainte Catherine de Sienne, dans les
écrits de sainte Hildegarde, de sainte Brigitte, de la bienheureuse Marguerite-
Marie Alacoque de sœur Nativité, de l'extatique de Niederbronn, Elisabeth Ep-
pinger, de sœur Marie Lataste, de la servante de Dieu Elisabeth Canori Mora,
etc... Je passe sous silence les révélations de sainte Thérèse, de sainte Catherine de Gênes, de Marie d'Agréda, de Catherine Emmerich, de la vénérable
Anna-Maria Taïgi et de plusieurs autres.

Il est toutefois certain qu'il ne faut pas prendre au pied de la lettre les
termes généraux concernant les reproches adressés au clergé et aux communu-
nautés religieuses ; car il existe un langage qui est propre au style prophétique.
Aussi, les termes du Secret, pas plus que les termes prophétiques de nos saints
livres, ne peuvent-ils nous inspirer du mépris ou de la méfiance pour ceux qui
auront toujours droit à notre respect, à notre estime et à notre confiance.

Nous nous réjouissons d'ailleurs en voyant dans le sein de l'Eglise des pasteurs et des ministres resplendissants par l'éclat de la science et de la sainteté ;
que de belles âmes, que d'âmes vraiment nobles, généreuses, pleines de charité, avides de dévouement et de sacrifices n'y trouve-t-on pas ? Peut-être,
monsieur le Curé, vous qui voyez fleurir autour de vous tant de fervents ministres de Dieu, vous aurez peine à comprendre les révélations si humiliantes
et les paroles menaçantes et terribles adressées par l'Auguste Mère de Dieu à
la phalange sacerdotale ! Ah ! s'il en était de même partout ! Mais n'oublions
pas, Monsieur, que la divine Mère embrasse de son regard l'univers tout entier,
et que son œil si pur peut être attristé par bien des choses que nous ne pouvons ni connaître ni même soupçonner. Quelque pénible et humiliant qu'il
puisse être pour nous d'entendre les révélations qui tombent des lèvres vir-
ginales de cette bonne Mère, prions-là d'obtenir de Dieu pour nous la grâce de
les recevoir avec reconnaissance et avec fruit. Rien, si ce n'est notre docilité,
ne pourra diminuer la rigueur des châtiments qui nous sont réservés et **hâter**
l'avènement du règne de la justice et de la paix.

Quand au Secret imprimé à Lecce, je vous assure qu'il est identique **à**
celui qui me fut donné par Mélanie en 1809 ; elle a comblé seulement dans **ce**
dernier ces lacunes, ces petites réticences qui, du reste, étaient loin de rien a-
jouter ou de rien ôter à la substance de ce document. Je l'ai moi-même **fait**
examiner par ma curie épiscopale, suivant les règles de l'Eglise, et mon vicaire-
général, n'ayant trouvé aucune raison qui pût s'opposer à la publication du
secret, a délivrer sa licence d'imprimer en ces termes : « *Nihil obstat, Impri-*
matur », à la personne qui voulait le publier à ses frais et selon ses pieuses in-
tentions. Cette approbation ainsi qu'on le voit à la fin de la brochure, a été
bien donnée le 15 novembre 1879. La brochure a été écrite réellement et entièrement par Mélanie Calvat, bergère de la Salette, laquelle était surnommée
Mathieu. Il n'est pas possible d'élever des doutes sur l'authenticité de cette
brochure.

Voici maintenant ce qui concerne la personne de Mélanie. Cette pieuse fille,
cette âme vertueuse, et privilégiée, que l'esprit des méchants a cherché à avi-
lir en la faisant l'objectif de ses détestables et grossières calomnies et de son
orgueilleux dédain, je puis attester devant Dieu qu'elle n'est, en aucune manière, ni fourbe, ni folle, ni illusionnée, ni orgueilleuse, ni intéressée. J'ai eu,
au contraire, l'occasion d'admirer les vertus de son âme ainsi que les qualités

de son esprit, pendant toute cette période de temps que je l'eus sous ma direction spirituelle, c'est-à-dire de 1863 jusqu'à 1873. A cette dernière époque, à la suite de ma promotion de supérieur des chanoines réguliers à l'évêché de U-gento, ne pouvant désormais m'occuper de sa direction, j'ai voulu toutefois continuer avec elle des relations écrites, Je puis affirmer que, jusqu'à ce moment, sa vie édifiante, ses vertus, ses écrits, ont gravé profondément dans mon cœur les sentiments de respect et d'admiration que je dois garder bien justement à son égard.

Notre Saint Père Léon XIII, en 1879, a daigné honorer Mélanie d'une audience privée et la charger aussi de la compilation des règles du nouvel ordre préconisé et réclamé, par Notre-Dame de la Salette, et intitulé : « *Les Apôtres des derniers temps* ». Pour achever une telle rédaction, l'ex-bergère de la Salette demeura, pendant cinq mois, dans le couvent des Salésianes à Rome. Pendant ce temps, elle a été mieux connue et plus estimée, surtout par ces bonnes religieuses, qui ont donné de très-favorables attestations sur le compte de cette heureuse bergère de la Salette.

Je sais enfin, par mes informations, que M. Nicolas, avocat à Marseille, étant à Rome le samedi-saint 1880, a été chargé par sa Sainteté Léon XIII de rédiger une brochure explicative du *Secret tout entier, afin que le public le comprenne bien.*

Ces renseignements suffiront, je crois, pour vous confirmer dans votre croyance. J'aurais beaucoup à vous dire encore, mais je ne veux pas vous entretenir plus longtemps dans une lettre d'une question qui ne pourrait être dignement et complétement traitée que dans un livre.

Recevez, mon cher monsieur le Curé, les sentiments de ma considération respectueuse et distinguée.

Votre très-humble serviteur en N.-S.

Signé, SAUVEUR-LOUIS, Evêque de Lecce.

+

Très Vénéré Monsieur de la Rive,

Je vous suis très reconnaissante de ce qu'en ce
temps de ma triste foi, vous avez osé publier le
secret dans **Sœur Marie de la Croix** la France
Chrétienne, tel NÉE CALVAT que je l'avais publié en 1879 avec l'imprimatur de Mgr.
Zola Evêque de Lecce (Italie) et que je l'ai

fait réimprimer cette année à Lyon avant de
quitter la France. Je proteste hautement contre un texte différent qu'on oserait publier
après ma mort. Je proteste encore contre les
très faux dires de tous ceux qui ont osé dire et
écrire : 1er que j'ai brodé le secret, 2, contre
ceux qui affirment, que la Reine de la Sagesse
n'a pas dit de faire passer le secret à tout son
peuple. Ce 18 Octobre 1904. Mélanie C. Bergère de la Salette.

Ces deux autographes sont ceux d'une lettre adressée à M. de la Rive,
directeur de la *France Chrétienne*, et publiée dans le n° du 24 Novembre
1904, de cette Revue.

Lettre de Mélanie à l'abbé Rigaux, Curé d'Argœuves, publiée à la
même date

20 Avril 1904.

Respectueux hommage à Monsieur Rigaux, Curé d'Argœuves (Somme)
de son infime servante inutile.

« Mon très Révérend Père, je certifie que personne ne m'a aidée dans la
rédaction de cette brochure, et que le *Secret* est mot à mot celui de notre
douce Mère, tel que je l'ai donné en 1878 à Sa Sainteté Léon XIII. «

Mélanie CALVAT, Bergère de la Salette.

En outre de cette édition de Lyon, 1878, qui nous a servi pour cette réédition, le Secret de la Salette a déjà été publié dans les circonstances suivantes :

LETTRE A UN AMI, SUR LE SECRET DE LA SALETTE, par l'abbé Félicien Bliard, Naples, 1873.

Avec *imprimatur* donné le 30 avril 1873, par deux membres de la Curie du Cardinal Riario Sforza, archevêque de Naples et lettre de félicitations de Mgr. Zola, alors évêque d'Ugento.

En 1878, Mélanie fait remettre le texte du Secret à Léon XIII, par le R. P. FUSCO, et le cardinal FERRIERI

Léon XIII avait déjà eu connaissance, par Pie IX, du texte original envoyé à Rome le 3 Juillet 1851, et avait été chargé d'en prendre douze copies.

En novembre 1879, édition de Lyon autorisée, comme il vient d'être dit.

En 1882, Edition en *langue italienne* avec imprimatur du Maître du Sacré Palais.

En 1892, Edition Renaut, avec *imprimatur* d'Arras.

En 1904, Edition *ne varietur* imprimée à Lyon.

En 1906, Edition Desclée, Lefebvre et Cie, *Editeurs Pontificaux* à Rome.

En 1898. Le Secret est publié presque en entier, à la suite des *Révélations de la Sœur de la Nativité*. Paris, Périsse frères.

En 1912, AUTHENTICITÉ DU SECRET DE LA SALETTE, par l'abbé Bourgouin, curé de Brion, Vienne (J. PERRIGUEY). *Commentaires sur le texte du Secret de la Salette*, reproduit presque en entier, le tout précédé d'une *lettre d'approbation* de S. G. Mgr Polgé, évêque de Poitiers, et contenant *fac-simile* de cette lettre et d'annotations de la main de Sa Grandeur et la reproduction d'un tableau fait sur l'ordre de Mgr Cecchini, évêque d'altamura, et représentant la mort de Mélanie.

Brochure in-4 carré de 56 pages, Méricourt-l'Abbé, *Imprimerie N. D. de la Salette*, franco 5 fr. étranger 6 fr.

Pie IX et le Secret de la Salette. — PIE IX, *APRES AVOIR PRIS CONNAISSANCE DU SECRET DE LA SALETTE* ordonna à Mgr. de Bruillard, évêque de Grenoble, de promulguer son *Mandement doctrinal*, ce qui fut fait en ces termes, le 19 Septembre 1851 :

« *Nous jugeons que l'apparition de la Salette porte en elle-même, tous les caractères de la vérité et que les fidèles sont fondés à la croire indubitable et certaine.*

« *Nous autorisons le culte de Notre Dame de la Salette, nous permettons de le prêcher et de tirer les conséquences pratiques et morales, qui ressortent de ce grand événement.*

« *Nous défendons expressément aux fidèles de jamais s'élever publiquement, de vive voix ou par écrit, contre le fait que Nous proclamons aujourd'hui et qui dès lors, exige le respect de tous.* »

www.ingramcontent.com/pod-product-compliance
Lightning Source LLC
LaVergne TN
LVHW011034050726

842519LV00004B/1363